0-3 ANS

Les jeux chantés des p'tits lascars

Collectage et commentaires
Évelyne Resmond-Wenz

Direction musicale
Yves Prual

Illustrations
Martine Bourre

Didier Jeunesse

CD 1

Pouce qui pousse

1. Pouce qui pousse
   Et voilà pour toi
2. Montre qui montre
   Et voilà pour toi
3. Danse qui danse
   Et voilà pour toi
4. Liette qui lie
   Et voilà pour toi
5. Et le riquiqui qui tournera !

1. Joindre les deux mains et tapoter ensemble les deux pouces (2 fois), sur « Et voilà pour toi » : frapper légèrement les deux mains.
2. Recommencer avec les deux index.
3. Les deux majeurs.
4. Les deux annulaires.
5. Faire tourner les auriculaires comme un moulin.

CD 2

Petit pouce dort bien au chaud

Petit pouce dort bien au chaud	*Poing fermé, pouce à l'intérieur,*
Toc, toc, toc, debout, c'est l'heure ! } (bis)	*tapoter le poing avec l'autre poing fermé.*
Je ne veux pas me lever ! } (bis)	*Secouer doucement le poing pour dire non.*
Toc, toc, toc, debout, c'est l'heure !	
Bon, bon, d'accord, je sors	
Bonjour !	*Sortir le pouce qui va toucher chacun des doigts de l'autre main.*
Bonjour papa	
Bonjour maman	
Bonjour grand frère	
Bonjour petite sœur	
Tout le monde est levé	
On va déjeuner	*Ouvrir la main.*

CD 3

Le pouce part en voyage

Le pouce part en voyage
L'index l'accompagne à la gare
Le majeur porte la valise
L'annulaire porte le manteau
Et le petit auriculaire ne porte rien du tout
Il trotte par-derrière
Comme un petit toutou

Attraper chaque doigt l'un après l'autre.

CD 4

Le pouçot, le lichepot...

Le pouçot
Le lichepot
Le longis
Le malappris
Et le p'tit doigt du paradis

CD 5

P’tit mégot

P’tit mégot
P’tit méfait
Coucher tard
Lever matin
Manger du pain
Boire de l’eau
Les p’tits serins
Dans le p’tit ruisseau

Attraper chaque doigt l’un après l’autre.
Sur « Boire de l’eau » : chatouiller la paume de l’enfant.
Sur « Les p’tits serins » : remonter doucement
le long du bras en le chatouillant.

CD 6 Ainsi font font font

Ainsi font font font — *Mains levées, tourner les poignets.*
Les petites marionnettes
Ainsi font font font
Trois petits tours et puis s'en vont — *Faire des moulinets avec les mains, puis les cacher derrière le dos.*
Faites faites la claquette — *Frapper les mains en rythme.*
Les petites marionnettes — *Retour des marionnettes.*
Mettez les mains sur les côtés — *Mains sur les hanches.*
Marionnettes et puis dansez ! — *Retour des marionnettes.*

CD 7 La belle menette

Ah ! la belle menette que j'ai
Ah ! la belle menette — *Présenter une main en tournant le poignet.*
Menette à papa — *Présenter l'autre.*
Menette à maman — *Revenir à la première main.*
Ah ! la belle menette à l'enfant — *Caresser la main de l'enfant.*

CD 8

Dansons les belles mains

Dansons
Dansons les belles mains
Nous aurons
Du bonbon demain
Ah ! les belles mains
Les menettes
Ah ! les belles mains que j'ai !

Mains en l'air face à l'enfant, tourner les poignets.

CD 9

Voici ma main elle a cinq doigts

Voici ma main elle a cinq doigts
En voici deux, en voici trois
Celui-là, le p'tit bonhomme
C'est le gros pouce qu'il se nomme
L'index qui montre le chemin
C'est le second doigt de la main
Le majeur a l'air d'un grand frère
Entre l'index et l'annulaire
L'annulaire porte un anneau
Avec sa bague il fait le beau
Le minuscule auriculaire
Marche à côté de l'annulaire
Regardez mes doigts travailler
Chacun fait son petit métier

Partir du poing fermé, puis ouvrir la main.
Sur « En voici deux » : refermer le poing et sortir le pouce et l'index.
Sur « En voici trois » : joindre le pouce et l'index et déplier les trois autres doigts.
Puis montrer chaque doigt l'un après l'autre.

CD 10

En grimpant au plus gros

En grimpant au plus gros
J'ai eu mal au dos
En grimpant au plus pointu
Je n'ai rien vu
En grimpant au plus grand
J'ai perdu mes gants
En grimpant au plus beau
J'ai eu trop chaud
En grimpant au plus petit
Je me suis dit : ça suffit !

En partant du pouce, faire glisser un doigt le long de ceux de l'enfant, en marquant une pause en haut de chacun. Après « ça suffit ! » : descendre le long du petit doigt comme sur un toboggan.

CD 11

L'araignée Gypsie

L'araignée Gypsie
Monte à la gouttière
Tiens, voilà la pluie
Gypsie tombe par terre
Mais le soleil
A chassé la pluie

Mimer l'araignée qui monte en alternant pouce droit / index gauche. Mimer la pluie en bougeant les doigts. Sur « Gypsie tombe par terre » : paumes vers le bas, baisser brusquement les mains. Sur « Mais le soleil » : ouvrir les mains et dessiner un cercle avec les bras.

CD 12

P'tit chat minou

P'tit chat minou
D'où viens-tu ?
J'viens du bois
Qu'as-tu vu ?
Un p'tit chat mouillé
Qu'est-ce qu'il t'a dit ?
Guiri, guiri, guiri…

Caresser le dos de la main de l'enfant. Sur « Guiri… » : chatouiller le creux de la main.

CD 13

Une bonne vache

Une bonne vache
Qui fait du bon lait
Du bon beurre
Du bon fromage…
Elle est morte, quel dommage !

Taper doucement la paume ouverte sur chaque « bon » ou « bonne ».
Refermer lentement la main sur « quel dommage ».

CD 14

Le bœuf, la vache

Le bœuf, la vache
Celui qui les détache
Celui qui les mène aux champs
Et le petit qui court devant

L'adulte saisit successivement les cinq doigts de la main de l'enfant. Sur la dernière phrase, l'auriculaire est agité rapidement.

CD 15

Petit oiseau d'or et d'argent

Petit oiseau d'or et d'argent
Ta mère t'attend au bout du champ
Pour y manger du lait caillé
Que la souris a baratté
Que les petits chiens ont grabotté
Deux heures de temps
Va-t'en !

Désigner l'un après l'autre les doigts de l'enfant sur chaque temps de la chanson. Replier le doigt sur lequel la chanson s'est arrêtée, puis recommencer le jeu avec quatre doigts, puis trois, puis deux… jusqu'à fermer le poing de l'enfant. L'inverse est possible : on part du poing fermé pour libérer successivement tous les doigts de l'enfant.

CD 16

Deux gros oiseaux sur un poteau

Deux gros oiseaux
Sur un poteau
L'un s'appelle Jacques
L'autre s'appelle Jo
Va-t'en, Jacques !
Va-t'en, Jo !
Reviens, Jacques !
Reviens, Jo !

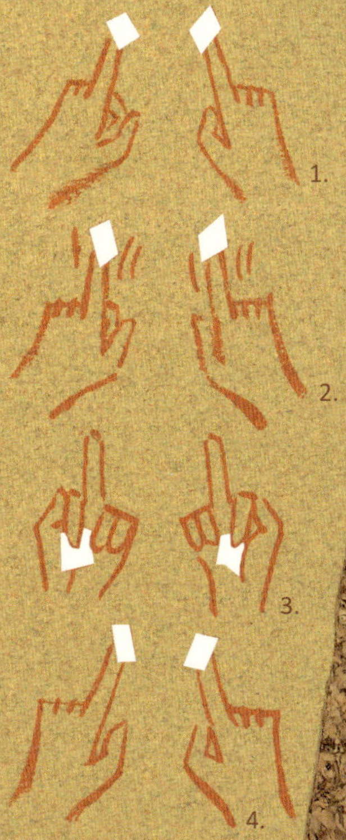

Coller préalablement un petit morceau de papier au bout de chaque index.

1. Sur « Deux gros oiseaux... » : mains fermées, sortir les index.
2. Sur « L'un s'appelle... » : agiter un index, puis l'autre.
3. Sur « Va-t'en... » : la main fait un tour sur elle-même. Cacher l'index et faire apparaître le majeur.
4. Sur « Reviens... » : la main fait à nouveau un tour sur elle-même. Faire apparaître l'index comme au début.

CD 17

La petite alouette est passée par là

La petite alouette est passée par là
Vrouttt…
Celui-là, il l'a vue
Celui-là, il l'a attrapée
Celui-là, il l'a plumée
Celui-là, il a tout mangé
Et le petit riquiqui
Il a rien eu du tout
Il est allé voir sa maman
Qui lui a donné un gros morceau
De pain blanc!

Caresser la paume de la main de l'enfant avec le dos de la main. Attraper un doigt après l'autre.

CD 18

Une p'tite souris passait par là

Une p'tite souris passait par là	*Passer l'index sur la paume de la main de l'enfant.*
Et sa queue traînait par ici	*Retourner le doigt et passer l'ongle sur la paume.*
Le premier la voit	*Attraper chaque doigt l'un après l'autre.*
Le deuxième l'attrape	
Le troisième la fait cuire	
Le quatrième mange tout	
Et le tout p'tit n'a rien du tout	
Lèche le plat, mon petit	*L'auriculaire vient chatouiller la paume de l'enfant.*
Lèche le plat	

Partir du poing fermé. Pouce, index, majeur et annulaire se déplient successivement. Quand arrive le tour de l'auriculaire, le laisser fermé sur « La marmite a un trou » (on voit effectivement un trou !), puis le déplier sur la deuxième partie de la phrase : « Dit le va-tout-doux ». Sur la dernière phrase, refermer doucement la main.

Allons dans nos lits
Dit le dégourdi
Sans le moindre souper ?
Dit le décharné
Donnez-nous la bouillie
Dit le ramolli
Il n'y a pas de lait ?
Dit le paltoquet
La marmite a un trou
Dit le va-tout-doux
Et le feu est éteint
Dit le muscadin

CD 19

Allons dans nos lits

CD 20

Le jardin, le trottoir

Le jardin	*Faire le tour de la tête.*
Le trottoir	*Toucher le front.*
Les lumières	*Toucher les yeux.*
Les gouttières	*Toucher le nez.*
Le grand four	*Toucher la bouche.*
Le tambour	*Toucher le ventre.*
Les baguettes	*Écarter les bras.*
Et…	
Zim boum boum !	*Taper des mains sur le ventre.*

CD 21

Nez cancan

Nez cancan	*Toucher le nez.*
Bouche d'argent	*Toucher la bouche.*
Menton d'buis	*Toucher le menton.*
Joue bouillie	*Toucher une joue.*
Joue rôtie	*Toucher l'autre joue.*
Petit nœillet	*Toucher un œil.*
Gros nœillet	*Toucher l'autre œil.*
Toc toc maillet !	*Index plié, toquer sur le front.*

CD 22 **Pomme de reinette et pomme d'api**

Pomme de reinette et pomme d'api
Tapis tapis rouge
Pomme de reinette et pomme d'api
Tapis tapis gris
Cache ton poing derrière ton dos
Ou j'te donne un coup d'marteau !

L'adulte et l'enfant posent leur poing en alternance l'un au-dessus de l'autre. Sur « coup d'marteau » : celui qui a le poing en dessous le cache derrière son dos pour ne pas être frappé.

L'enfant peut aussi jouer tout seul en alternant les poings.

CD 23

Le mur se bâtit

Le mur se bâtit
Le maçon est là
Une pierre par-ci
Une pierre par-là
Ah ! le voilà !

Mains tendues, paumes tournées vers soi,
poser alternativement une main au-dessus de l'autre
en montant les bras jusqu'à cacher son visage.
Sur « Ah ! le voilà ! » : écarter brusquement les mains.
Le visage réapparaît aux yeux de l'enfant.

CD 24

Dans mon jardin y'a un bassin

Dans mon jardin
Y'a un bassin
Dans ce bassin
Y'a une p'tite bête
Qui monte, qui monte, qui monte…

Dessiner le contour de la main de l'enfant, puis faire le tour de la paume. Sur « bête » : piquer brusquement la paume avec l'index puis remonter le long du bras en chatouillant.

CD 25

Je fais le tour de mon jardin

Je fais le tour de mon jardin
Bonsoir Papi
Bonsoir Mamie
Je descends l'escalier
Je m'essuie les pieds sur le paillasson
J'ouvre la porte
J'entre
Je ferme la porte
Et je tourne la clé

1. Faire le tour de la tête.
2. Toucher un œil.
3. Toucher l'autre œil.
4. Glisser le doigt le long du nez.
5. Frotter avec l'index au-dessus des lèvres.
6. L'enfant ouvre la bouche.
7. Poser l'index au bord de la bouche ouverte.
8. L'enfant ferme la bouche.
9. Tordre doucement le bout du nez.

CD 26

Je secoue ma p'tite paillasse

Je secoue ma p'tite paillasse
Je fais mon p'tit lit
Qu'est-ce que je vois ?
Une petite souris qui court
Qui court, qui court, qui court
Guili guili guili !

Sur « Je secoue... » : secouer doucement la main de l'enfant en la tenant par le poignet.
Sur « Je fais mon p'tit lit » : caresser le dessus de la main.
Sur « Qu'est-ce que je vois ? » : retourner la main.
Sur « Une petite souris... » : chatouiller la paume de la main.
Sur « Guili... » : remonter le long du bras.

CD 27

Un gros chat gris dormait

Un gros chat gris dormait, dormait	*Caresser le dos de la main.*
Sur son dos dansaient, dansaient	*Pianoter sur le dos de la main.*
Cinq petites souris	
Le gros chat les a prises	*La main attrape les doigts de l'autre main.*
Tant pis ! Tant pis !	*Cacher les mains derrière le dos.*

CD 28

Au cluguet, tiroluret

Au cluguet, tiroluret
La soupe est chaude *(bis)*
Au cluguet, tiroluret
La soupe est chaude
Et colle à mon dé !

Frapper doucement avec l'index dans la paume de l'enfant, qui sur « dé » doit refermer sa main pour l'attraper. Inverser les rôles…

CD 29

Bats la pâte

Bats la pâte Pâte à tarte } (bis)	*Installer l'enfant sur les genoux de l'adulte.* *Frapper des mains quand on prononce un B ou un P.*
Roule-la bien	
Fine fine fine	*Caresser la paume de la main.*
Pique-la bien	
Pic pic pic	*Piquer la paume avec l'index.*
Et hop ! Au four !	*Faire sauter l'enfant sur les genoux.*

CD 30

Un petit poisson est passé par ici

Un petit poisson est passé par ici
Celui-là l'a vu
Celui-là l'a pêché
Celui-là l'a fait cuire
Celui-là l'a mangé
Et qu'est-ce qui reste pour le petit riquiqui ?
Rien que des arêtes !

Attraper chaque doigt l'un après l'autre.
Sur « Rien que des arêtes ! » : ouvrir la main, doigts écartés.

CD 31

Monsieur poisson se promène

Monsieur poisson se promène
Au fond de l'eau
Oh ! Il ouvre sa bouche
Une petite bulle qui monte, qui monte, qui monte…
Paf ! Elle éclate !

Faire onduler une main pour mimer un poisson qui nage. Avec l'autre main, rassembler pouce et index pour former un rond et mimer la bulle qui monte. Sur « Paf ! » : ouvrir la main.

CD 32

Vole vole vole papillon

Vole vole vole papillon
Au-dessus de mon village
Vole vole vole papillon
Au-dessus de ma maison

Mains ouvertes, paumes vers soi,
pouces croisés, mimer un papillon qui vole.

CD 33

Papillon, vole vole

Papillon, vole vole
Papillon, vole donc } *(bis)*
Vole donc par-d'ssus la barrière
Vole donc par-d'ssus les buissons } *(bis)*

CD 34

Un crabe méfie-toi

Croiser les poignets, paumes vers le sol, auriculaires accrochés.
Déplacer latéralement les deux mains en mimant les pinces du crabe avec les pouces et les index.

Un crabe méfie-toi
Ça marche, ça marche
Un crabe méfie-toi
Ça marche de guingois
Un crabe méfie-toi
Ça pince, ça pince
Un crabe méfie-toi
Ça pince quelquefois

CD 35

Guéri, guéra

Guéri, guéra
Guérissons ça
Sans le docteur
Sans arnica
Je souffle
Je frotte
J'embrasse
Et voilà le bobo qui passe

Caresser doucement l'endroit où l'enfant s'est fait mal.
Souffler, frotter et embrasser en suivant le rythme.

CD 36

Toc toc toc Tortue

Toc toc toc Tortue
Sors ta tête, sors ta tête
Toc toc toc Tortue
Sors ta tête, il ne pleut plus

Toc toc toc Tortue
Sors tes pattes, sors tes pattes
Toc toc toc Tortue
Le soleil est revenu

Sur « Toc toc toc » : toquer sur le poing fermé.
Sur « Sors ta tête » : sortir le majeur plié.
Sur « Sors tes pattes » : sortir l'index, le pouce et l'auriculaire.
Sur « Le soleil est revenu » : ouvrir la main.

CD 37

Petit escargot porte sur son dos

Petit escargot
Porte sur son dos
Sa maisonnette
Aussitôt qu'il pleut
Il est tout heureux
Il sort sa tête

*Partir du poing fermé.
À la fin, déplier l'index
et le majeur pour
mimer les antennes.*

CD 38

Pouces cachés

Pouces cachés
Pouces levés
Monsieur et Madame sont à l'abri
Ils regardent tomber la pluie
Il pleut sur le chemin
Il pleut sur le jardin
Et le tout petit quiqui trotte sous son parapluie

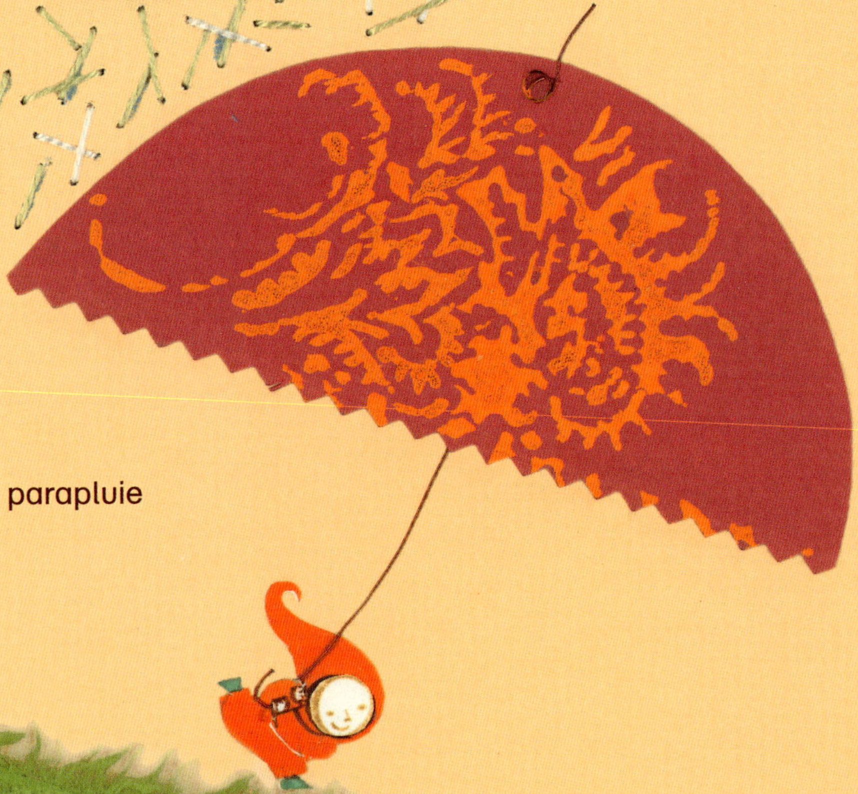

Partir les deux poings fermés.
Sur « Pouces levés » : sortir les pouces.
Sur « Monsieur et Madame » : cacher les pouces.
Sur « Ils regardent... » : sortir les pouces entre l'index et le majeur.
Sur « Il pleut sur le chemin » : main droite ouverte paume vers le bas, l'autre main trotte au-dessus.
Sur « Il pleut sur le jardin » : inverser les mains.
Sur « Et le tout petit... » : l'auriculaire droit court sous la paume de la main gauche.

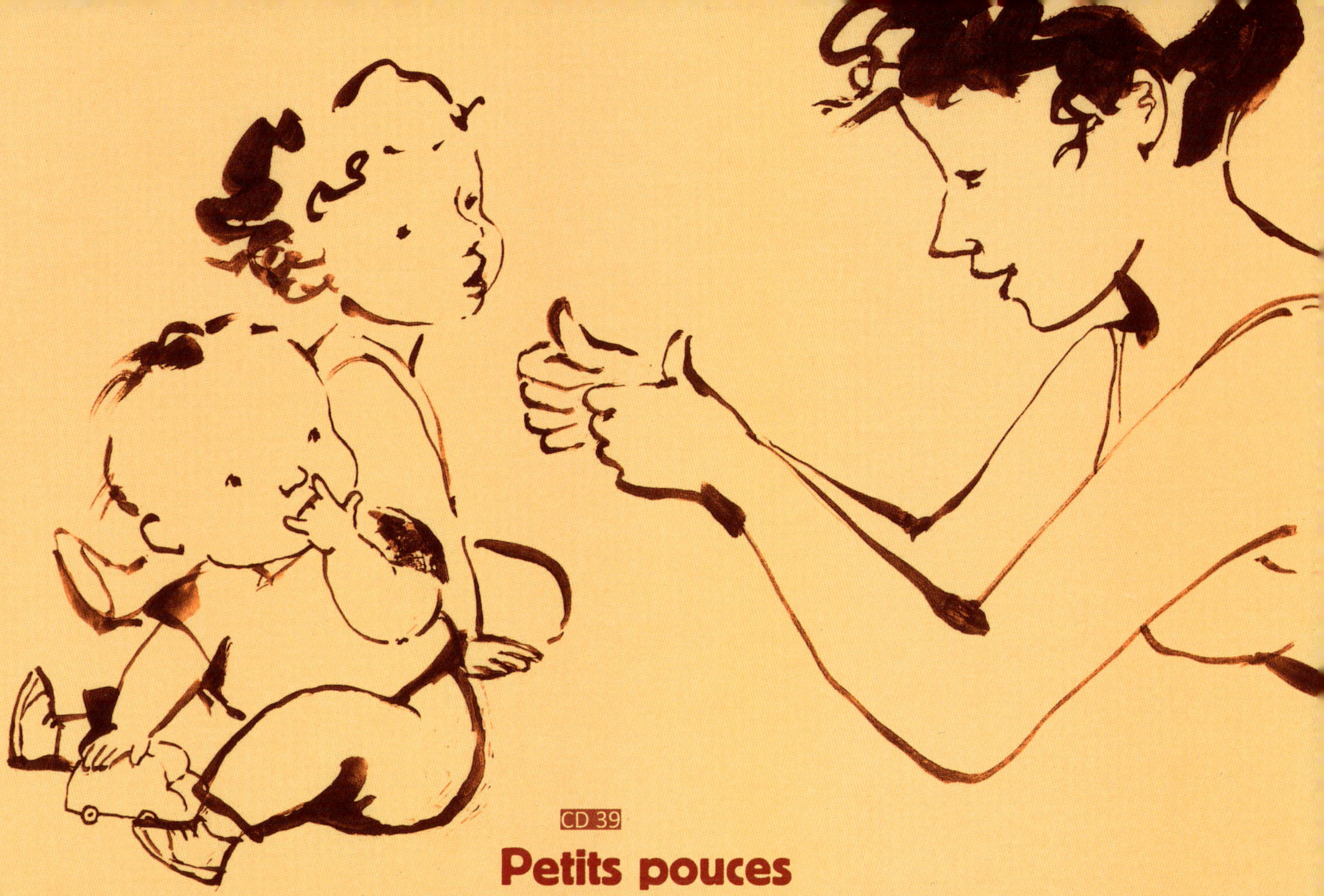

CD 39

Petits pouces ont peur du loup

Petits pouces ont peur du loup
Ils courent par-ci, ils courent par-là
Hou, hou, voici le loup
Cachez-vous !

Fermer les poings, pouces cachés.
Sortir les pouces et les remuer.
Rapprocher les pouces du visage.
Cacher les pouces dans le poing ou dans le dos, au choix.

CD 40

Marie et Pierrot

1. Voici Marie
2. Voici Pierrot
3. Bonjour Marie, bonjour Pierrot
4. Marie et Pierrot vont se promener
5. Clic, clac, ils ouvrent la barrière
   Ils rentrent dans le champ
   Clic, clac, ils ferment la barrière
6. Ils cueillent des fleurs
7. Ramassent des champignons
8. Ils courent après les papillons
   Quand tout à coup !
   Qu'est-ce qu'ils voient ?
9. Meuh ! Meuh ! Une grosse vache !
10. Vite, vite, ils courent, ils courent, ils courent…
11. Clic, clac, ils ouvrent la barrière
    Clic, clac, ils ferment la barrière
12. Ouf ! On a eu chaud !

1. Sur « Voici Marie » : poings fermés, sortir le pouce droit.
2. Sur « Voici Pierrot » : sortir le pouce gauche.
3. Sur « Bonjour… » : le pouce gauche touche le pouce droit en faisant un bruit de baiser. Recommencer en inversant.
4. Sur « Marie et Pierrot vont se promener » : avancer les poings en sortant les pouces.
5. Sur « Clic, clac » : mains tendues paumes vers soi, les doigts se touchent pour former une barrière. Ouvrir les mains.
   Sur « Clic, clac, ils ferment la barrière » : refermer les mains.
6. Sur « Ils cueillent des fleurs » : cueillir des fleurs et les porter au nez pour les sentir.
7. Sur « Ramassent des champignons » : ramasser des champignons et les mettre dans un panier.
8. Sur « Ils courent… » : mains ouvertes, croiser les pouces et mimer le vol du papillon.
9. Sur « Meuh ! » : joindre les mains, croiser les doigts en dressant les pouces pour former les cornes de la vache.
10. Sur « Vite, vite » : avancer les poings fermés, pouces sortis.
11. Sur « Clic, clac » : mains tendues paumes vers soi, les doigts se touchent pour former une barrière. Ouvrir les mains.
    Sur « Clic, clac, ils ferment la barrière » : fermer les mains.
12. Sur « Ouf ! On a eu chaud ! » : passer la main sur le front.

CD 41

Le monde qui bouge

Le monde qui bouge	*Agiter doucement les mains.*
Dors mon cheval rouge	
Monde ne fait rien	*Rapprocher les mains pour les croiser.*
Dors mon cheval brun	*Puis, en les gardant croisées, ouvrir les mains pour imiter un berceau que l'on balance doucement.*
Et le petit	
Dormira dans son lit (bis)	
Et le petit dormira bien	*Réunir les deux mains à plat sur une joue en inclinant la tête vers l'épaule.*

(Les trois derniers vers : *(bis)*)

CD 42

Bonjour petit pigeon blanc

Bonjour petit pigeon blanc
Comme il est doux, doux
Mange dans ma main petit pigeon blanc
Pic, pic, pic…
Pouf ! Envolé !
Au revoir petit pigeon blanc

Caresser le poing fermé.
Sur « Mange… » : ouvrir la main et picorer dans la paume.
Sur « Pouf ! » : ouvrir les deux mains croisées qui s'envolent.
Terminer en faisant au revoir avec la main.

“Le mouvement naturel de la main est de prendre et de garder, comme on le voit pour les toutes petites mains des nourrissons ; si on leur donne un doigt, ils s’y accrochent, comme la patte de l’oiseau sur le perchoir. C’est pourquoi toutes les passions nous ferment les mains (...). C’est pourquoi la main qui s’ouvre est toujours le signe d’une pensée contemplative (...). Donner la main, c’est se lier à l’autre.”

Alain, *Propos* de septembre 1923

Cahier parents

Évelyne Resmond-Wenz

Pour prolonger votre écoute, en savoir plus sur les comptines et jouer avec votre enfant, vous trouverez dans ces pages des commentaires sur :

- L'origine des comptines et des variantes.
- Leur sens et leur rôle pédagogique.
- Les indications pour mimer et mettre en scène les comptines. N'hésitez pas à en inventer d'autres pour créer votre propre jeu !

Les mains, les premiers jouets du bébé

Mains qui s'ouvrent, qui se ferment, doigts qui bougent, et le bébé regarde, avec concentration, inlassablement. Ses mains sont ses premiers jouets. Avant même de les voir apparaître dans son champ visuel, il les bouge avec infiniment d'expressivité ; les doigts se déploient, puis les mains se posent, les poings se ferment. Lorsque l'on s'adresse à lui, c'est encore avec ses mains que le bébé nous répond, car ses vocalises sont toujours accompagnées de leur mouvement. Les mains des bébés parlent. Elles continueront de parler quand il sera devenu grand. Le plus souvent, à des degrés différents selon les cultures, les hommes et les femmes gardent cette caractéristique du temps d'être un bébé, ils parlent encore avec les mains.

La manière dont les parents se servent de leurs mains en portant leur bébé, en le touchant, joue un rôle primordial dans la relation qu'ils établissent avec lui et dans le sentiment de sécurité qu'ils lui procurent. Pour jouer, ils sollicitent le plus petit en lui montrant leurs propres mains. Ils associent la voix et le geste. Et souvent, ils chantent. *Les Petites Marionnettes* sont certainement le jeu chanté le plus largement partagé aujourd'hui par les enfants d'ici. En jouant à *la petite bête qui monte* avec un bébé, ses parents lui permettent de découvrir son corps et lui donnent la possibilité d'anticiper le plaisir de la surprise du *guili* ! Les jeux de découverte du visage, de la main sont innombrables. Aux quatre coins du monde, il existe des formes similaires.

Des jeux polis par de multiples transmissions

Les jeux de la première enfance, ceux qui associent la voix au mouvement, aux gestes et souvent au toucher, semblent être là, à la disposition de chacun, depuis la nuit des temps et dans toutes les cultures. Ces jeux reposent sur des interactions entre l'adulte et le petit enfant. Ils sont adaptés aux capacités du nourrisson, à ses intérêts. Puis ils évoluent quand l'enfant grandit, lui permettant toujours de participer aux échanges, de trouver sa place.

Pourtant, si l'on se réfère aux anciens manuels de puériculture, le bébé a longtemps été considéré comme un être passif, totalement sous influence : celle de son entourage, de son environnement. C'est seulement au cours du siècle dernier que la notion d'interaction entre le bébé et ses proches s'est développée et affinée. Aujourd'hui, si les influences de l'entourage ne sont pas contestées, elles sont associées à une idée de réciprocité dans l'échange. Chacun reconnaît que le bébé agit, lui aussi, sur son entourage et sur les relations qui, patiemment, se tissent.

Des jeux qui aident le bébé à se construire

Ces nouvelles connaissances sur le développement du petit d'homme éclairent les pratiques ancestrales et empiriques de jeux de mains qui – comme des galets roulés par la mer – ont été polis par de multiples transmissions. Avec leur code, leur rythme, la répétition qu'ils suscitent, ils restent un extraordinaire support de la relation des adultes aux petits enfants. C'est un espace dans lequel ceux-ci interagissent d'emblée, du regard, de la voix et du geste. Mais au-delà de l'aspect relationnel, ces petites formes toujours rythmées permettent au bébé qui les reçoit de s'organiser psychiquement. C'est par ses cinq sens, sans discrimination, qu'il ressent, qu'il est touché. Pour organiser les multiples perceptions sensorielles auxquelles il doit faire face sans être submergé, il peut prendre appui sur ces jeux qui proposent toujours des structures rythmiques simples et stables.

Associés aux sons et aux rythmes, les gestes organisent le temps. Ils aident aussi à se repérer dans l'espace. Petit à petit, les enfants grandissent et vont imiter les gestes proposés par l'adulte. Ils pourront reproduire des figures de plus en plus compliquées. C'est bien de jeux qu'il s'agit. Mais en jouant, les enfants développent leurs compétences. La maîtrise des gestes de la main pour bâtir, pour créer, est une des plus belles conquêtes de l'homme. Les gestes aident aussi à se construire.

Une remarquable ouverture poétique

Par l'utilisation du langage qu'elles permettent, ces formes orales et gestuelles proposent par ailleurs une remarquable ouverture poétique. Les enfants y auront accès progressivement, mais d'emblée ils sont immergés dans une utilisation du langage qui n'est pas simplement utilitaire. La langue de l'imaginaire, celle qui met en scène des représentations mentales, trouve naturellement sa place dans ce répertoire.

C'est bien l'étroite corrélation entre sonorités, rythmes, mouvements, gestes et sensations tactiles qui fait la force de ces trésors à partager. Parmi les jeux de mains et de doigts choisis ici, beaucoup circulent depuis des décennies (avec de nombreuses variantes, qui font aussi la richesse du genre). Des formes apparues plus récemment sont également proposées. Elles font leurs preuves et se transmettent depuis plusieurs années, de bouche à oreille, dans les structures d'accueil de la petite enfance. Les Britanniques parlent de transmission *par mots de bouche*[1], pourquoi ne pas suggérer ici l'idée de mots de mains ? Chacun, bien sûr, préférera la version qu'il connaît déjà à celle qui lui est proposée ici, si elle est différente. C'est la loi du genre ! Ce répertoire n'est pas figé. Chacun pourra contribuer à le faire vivre, à sa façon, pour le bonheur de tous.

1. « *Word of mouth* ».

Pouce qui pousse ▪ CD 1 ▪ p. 4

Ce jeu s'adresse à des enfants assez grands qui peuvent imiter les gestes de l'adulte avec plaisir. Les deux mains participent, les cinq doigts sont différenciés, mais seul le pouce porte son vrai nom : les autres s'appellent *Montre*, *Danse*, *Liette* et *Riquiqui*. En commençant par les pouces, les doigts sont successivement nommés en les tapotant deux fois l'un contre l'autre avant le frappé de mains. La gestuelle est très intéressante du point de vue du rythme et de la mobilité de la main. La dernière proposition demande de la dextérité : il ne s'agit pas de se tourner les pouces, mais bien les petits doigts, exercice beaucoup plus difficile. Et puis ici, on se pousse : ce jeu met discrètement en scène les bousculades, les chamailleries qui parasitent parfois la vie en groupe. Au final, chacun trouve pourtant sa place, même le plus petit, qui reste en dehors des conflits.

Petit pouce dort bien au chaud ▪ CD 2 ▪ p. 5

Ici, la main raconte une histoire. Le rythme est marqué par la voix qui accompagne des gestes précis. Le pouce est un personnage. Il va mettre en scène le lever, ce moment difficile où il faut quitter le cocon douillet de la nuit. Mais se lever, c'est aussi retrouver ses parents, sa famille. Après le bonjour du matin, les cinq personnages, joués par les doigts d'une main, peuvent donc prendre un petit déjeuner et partir d'un bon pied. La main s'ouvre largement, c'est une ouverture sur le monde : la journée commence.

Le pouce part en voyage . CD3 . p.6

Dans cette histoire, les doigts portent leur nom « officiel ». C'est une formulette éducative[2] très connue pour s'amuser, découvrir les doigts et aussi apprendre à les nommer. Une fois encore, le tout petit a un régime particulier. Dispensé des tâches qui reviennent aux grands, il trotte, trotte…

Le pouçot, le lichepot . CD4 . p.6

Cette formulette énumérative traditionnelle a pour simple fonction de différencier les cinq doigts en les touchant et leur donnant un « petit nom ». Si les variantes sont nombreuses, les patronymes choisis sont toujours amusants. Leur choix n'est jamais le fruit du hasard. Les doigts sont personnifiés en fonction du caractère qui leur est attribué. *Pouçot*, *Lèchepot*, *Longis*, *Malassis*, *Le Roi des tout-petits* peuvent s'appeler ailleurs *Poucet*, *Laridet*, *Longue jambe*, *Jean des sceaux* et *Petit courtaud*.

Le folkloriste Arnold Van Gennep[3] a noté une proximité entre ces noms de doigts et certains héros de Rabelais. Les rimes sont très importantes pour la mémorisation. *Jean des choux* pourra donc voisiner avec *Petit crotou* ou *Petit marteau des poux* !

P'tit mégot . CD5 . p.7

Voilà une formulette énumérative qui nous vient de Rivière-à-Claude, en Gaspésie, au Canada. Là-bas, très loin, sur l'embouchure du Saint-Laurent, la formulette s'est étoffée. Elle plante le décor avec une évocation de l'eau dans la paume de l'enfant. Puis l'énumération des doigts se termine en jeu à chatouiller ; un ruisseau remonte le long du bras. Le tour est joué ! Ces images inhabituelles sont charmantes. Les sonorités sont particulièrement intéressantes : le son M domine la première partie, tandis que le S siffle à nos oreilles dans la dernière phrase. Il est associé aux doigts de l'adulte qui remontent le long du bras de l'enfant en le chatouillant doucement. C'est un bel exemple de la grande cohérence entre les gestes et les sons dans les jeux traditionnels.

Ainsi font font font . CD6 . p.8

Une chanson du XVe siècle est probablement l'ancêtre de nos petites marionnettes :

Delà la rivière sont
Les trois gentes demoiselles
Delà la rivière sont
Font un saut et puis s'en vont

Proximité de la mélodie et du rythme, cette ronde s'est transformée en chanson pour accompagner le mouvement des poignets et des mains que les adultes montrent aux tout-petits. Elle existe avec plusieurs couplets. La version choisie, couramment proposée aux bébés, associe le claquement des mains puis les fait disparaître et réapparaître, pour le grand bonheur des petits. Cacher-montrer, expérience de la permanence de l'objet, est un jeu essentiel au développement des bébés dans la première année. Mais il divertit à tout âge. Des personnes âgées chantent parfois une variante de cette chanson : *les petits fants fants*. Ces mots ressurgissent de leur propre enfance, dernières traces des premières expériences.

La belle menette . CD7 . p.8

Les différentes versions de *La belle menette* (ou *belle menotte*) sont anciennes et très répandues. Aux Antilles, on entend parfois *La belle menine*. Les mains peuvent alterner sur papa et maman mais une seule est présentée à la fois, assez près du bébé. Il cherche parfois à attraper la main, progressivement, il bouge les siennes, car ce jeu laisse une place très importante à l'interaction entre les deux joueurs. Lenteur du tempo, douceur de la mélodie, grande stabilité rythmique, cette forme apaisante est très spécifiquement adressée au petit bébé. Il est courant d'introduire son prénom dans la dernière phrase : *Ah ! la belle menette à…*

Dansons les belles mains ▪ CD 8 ▪ p. 9

Cette jolie version des marionnettes est plus gaie, plus dansante. Les mots accompagnent un joyeux ballet des deux mains. Ici ce sont surtout les poignets qui travaillent ! Il s'agit de divertir le petit en jouant sur les mouvements qui s'accordent au rythme soutenu de cette chanson.

Avoir du bonbon est une expression ancienne charmante, qu'il serait dommage de remplacer par *avoir des bonbons*. Du reste, prononcer *des* obligerait à ouvrir la bouche, alors que le choix du son *du* permet d'articuler tous les sons de manière très proche jusqu'à l'explosion du son *main : Nous aurons du bonbon demain*. Une variante de Lorient invite à un autre festin : *Vous aurez du gâteau demain*. Plus que le sens, souvent, ce sont les sons de ce répertoire qui méritent toute notre attention.

Voici ma main elle a cinq doigts ▪ CD 9 ▪ p. 10

Mettre en scène cette comptine demande mémoire et entraînement. En même temps qu'elle raconte toute une histoire et qu'elle enseigne leurs noms, elle donne une leçon de gymnastique aux doigts ! Ces efforts procurent aussi beaucoup de plaisir. Les enfants peuvent imiter les premiers gestes qui commencent toujours par le poing fermé. Nombreux sont les adultes qui ont connu cette comptine et qui ne se souviennent que de bribes. La voici donc intégralement. C'est souvent la fin qui est restée en mémoire : *Regardez mes doigts travailler, chacun fait son petit métier*. Sur cette phrase, les doigts remuent et se détendent : c'est la fin de la leçon.

En grimpant au plus gros
CD 10 ▪ p. 11

Qui n'a jamais posé sa main bien à plat sur une feuille, doigts légèrement écartés et glissé un crayon tout autour pour en garder une trace ? Il y a peut-être alors plus de plaisir à ressentir le contour de sa main, qu'à en découvrir la trace sur le papier. Le dessin est maladroit, trop grand et sans vie. Toujours décevant. Mais la sensation, la révélation par la peau du contour de la main est une expérience rare et marquante.

Le jeu dans lequel l'index de l'adulte trace le contour de la main de l'enfant permet à celui-ci de découvrir sa main autrement. Un doigt après l'autre est exploré. C'est par le pouce que commence cette randonnée. Un arrêt est prévu à chaque sommet avant la descente ! Ce sont des zones de la peau rarement sollicitées qui sont ici caressées. Comme dans tous ces jeux de doigts, la distinction et l'énumération des doigts permettent de raconter une petite histoire, bien construite et bien rythmée. La chute, la dernière descente qui se fait sur le bord extérieur de la main, produit par ailleurs un son de glissement qui renforce encore l'intérêt de ce jeu. Il est ensuite largement repris par les enfants eux-mêmes.

2. Pour nos amis du Québec, ce répertoire est celui des formulettes éducatives de la première enfance.
3. *Le Folklore français* (1945), Laffont, 1998.

L'araignée Gypsie ▪ CD 11 ▪ p. 12

Inlassablement, une araignée monte à la gouttière. Elle retombe sans cesse, et remonte avec l'arrivée du soleil, encore et encore. Dans nos contrées, on l'appelle l'araignée Gypsie. En Angleterre, c'est *Incey Wincey spider*. On la retrouve aussi aux États-Unis, au Canada, en Nouvelle-Zélande. Son patronyme varie assez peu :

Itsy Bitsy, Eensy Weensy…
Insy Winsy spider
Climbing up the spout
Down came the rain
And washed the spider out
Out came the sun and dried up all the rain
Insy Winsy spider climbing up again

La gestuelle est toujours la même : au jeu précis du pouce et de l'index qui montent, succède l'ample geste des bras qui miment le retour du soleil. Ce mouvement des bras qui s'ouvrent largement est précieux. Les gestes amples sont, somme toute, assez rares, or ils sont aussi nécessaires. Ce mouvement associé au soleil permet une large respiration. Les enfants ne trouvent pas facilement le moyen de faire grimper l'araignée avec leurs doigts : pouce-index, pouce-index… mais ils sont toujours très heureux de faire revenir le soleil.

P'tit chat minou ▪ CD 12 ▪ p. 13

C'est souvent sous la forme *Minette chardonnerette* que ce jeu est connu.

Minette, chardonnerette, d'où viens-tu ?
Du bois
Qu'apportes-tu ?
Des p'tits minous
Comment sont-ils ?
Tout gris, tout gris, tout gris…

La version choisie ici, qui vient de l'Aube, est très proche. Elle propose toutefois d'autres sonorités : *p'tit chat mouillé ; guiri, guiri*.

Ce jeu est très largement répandu sur divers continents. La formulette est dite en caressant le dos de la main de l'enfant. Puis sur *Guiri, guiri, guiri*, on lui chatouille le creux de la main. Ces moments de chatouillis sont le plus souvent associés au son L, le son du rire.

Une bonne vache ▪ CD 13 ▪ p. 14

Cette formulette recueillie dans le Poitou nous vient, bien sûr, du monde paysan. La mort y est naturellement inscrite dans le cours de la vie et très tôt les enfants le savent.
Le son B est répété quatre fois avec quatre frappés de mains et, brusquement, la main se referme. Le message est grave, mais la forme humoristique permet une mise à distance qui vient enrichir la complicité entre l'adulte et l'enfant.

Le bœuf, la vache ▪ CD 14 ▪ p. 15

Ce jeu de doigts nous parle de la vie d'autrefois. Aujourd'hui, il arrive que des vaches ne sachent plus ce que c'est qu'un champ. Elles attendent que l'ordinateur fasse tomber la nourriture devant elles, et vont se faire traire, docilement. Comme l'écrit Gérard Le Gouic avec humour : *À mesure que le bien-être des paysans augmente, le confort de leurs bêtes diminue*. Il reste encore et il restera, espérons-le, des vaches dans les prés de nos campagnes. Modernité ou pas, *le petit qui court devant* fera, longtemps encore, rire les tout-petits qui s'y identifieront.

Petit oiseau d'or et d'argent ▪ CD 15 ▪ p. 16

Cette petite chanson peut se jouer sur la main de l'enfant. Au fil des notes, les doigts sont découverts un à un ou, à l'inverse, rentrent un à un pour fermer le poing. C'est pourtant comme comptine à éliminer, jouée entre enfants, qu'elle est d'abord apparue. Ses qualités mélodiques et sa poésie en font un classique du genre. Au fil du temps, les *ciseaux d'or et d'argent* se sont transformés en *oiseaux*. Dans la plupart des versions que l'on entend aujourd'hui, les souris barbotent. Elles avaient aussi *ribotté* (pour faire du lait ribot). La variante choisie est sans doute plus ancienne puisque les souris barattent le lait caillé. À force de baratter, de ribotter, elles ont fini par barboter, à vous de choisir !

Deux gros oiseaux sur un poteau

CD 16 ▪ p. 17

Avec ce petit jeu, les adultes se font illusionnistes à peu de frais. Il ne s'agit pas de tromper, mais bien d'étonner et d'amuser les petits enfants. Un morceau de papier[4] collé sur chaque index va représenter les deux oiseaux. Après un vol au-dessus de l'épaule, un geste des poignets et un échange rapide entre les doigts, les majeurs sont montrés à la place des index : plus d'oiseaux ! Il suffit de recommencer l'opération pour faire revenir Jacques et Jo. Magique ! Les enfants découvrent assez vite le subterfuge mais continuent de s'en amuser. Ce jeu est aussi utilisé avec des bébés, au-dessus du berceau : jolie manière de mettre en scène la disparition et la réapparition.

On trouve des traces de cette *nursery rhyme* dès le XVIe siècle en Angleterre. À l'origine, les oiseaux se nommaient *Jack* et *Gill (sat upon a hill)*. C'est au cours du XIXe siècle qu'ils ont été re-baptisés Pierre et Paul. Patronymes plus conformes aux Évangiles, incontestablement.

Two little dicky birds
Sitting on a wall
One named Peter
The other named Paul
Fly away, Peter!
Fly away, Paul!
Come back Peter!
Come back, Paul!

La version en français circule au Québec et à Terre-Neuve, lieux où les traditions anglaises et françaises se sont enrichies mutuellement. On parle de franco-terre-neuvien. Voici, en anglais, une version très proche recueillie à Terre-Neuve, précisément :

Two little blackbirds
Sitting on a pole
One named Jack
And one named Joe
Fly away Jack!
Fly away Joe!
Come back Jack!
And come back Joe!

La petite alouette est passée par là

CD 17 ▪ p. 18

Les histoires racontées dans la main qui mettent en scène chacun des doigts en les énumérant sont très anciennes. La première trace écrite date de 1604 et nous vient de la région de Rouen :

Vela qui perdit sen pouchin
Vela qui en vit lelle
Vela qui la rotit
Vela qui la mengit
Vela la petite souris
Qui jamais n'en tatit[5]

Quelques indices : on doit prononcer *v'la !* Il s'agit d'un poussin, de son aile et d'une pauvre souris qui n'en a pas tâté ! Comme souvent depuis, le petit n'a rien.

Le jeu de l'alouette a deux particularités. Tout l'intérieur de la main de l'enfant est caressé par le dos de la main de l'adulte pendant le vol de l'alouette. Cette caresse est accompagnée du son *vrouttt*, très efficace. La chute est intéressante aussi. Une fois n'est pas coutume, le petit reçoit un lot de consolation de la part de sa maman : un gros morceau de pain blanc.

4. Au lieu du papier humidifié et collé, on peut utiliser deux rubans, deux dés, deux trombones : tout ce qui peut matérialiser les oiseaux.
5. *La Friquassée crotestyllonnée.*

Une p'tite souris passait par là ▪ CD 18 ▪ p. 19

L'intérêt de cette autre mise en scène est la façon dont elle démarre. L'index de l'adulte se fait *p'tite souris* et parcourt en diagonale la paume de l'enfant. Puis, évoquant la queue de la souris, l'adulte retourne son doigt et fait un nouveau passage du côté de l'ongle. Ces deux sensations successives sont très attendues par les petits qui rient et en redemandent. La fin est courante. L'auriculaire de l'enfant est plié vers le creux de sa main et *lèche le plat*.

Une variante très proche, recueillie au pays de Montbéliard, se termine en chatouillis le long du bras. L'auriculaire est nommé *Glinglin du moulin*. Tout un programme !

Passe la retote
Traîne la couettote [6]
Voilà celui qui l'a vu
Voilà celui qui l'a pris
Voilà celui qui l'a mangé
Et voilà le pauvre petit Glinglin du moulin
Qui n'a eu qu'un verre de vin
Et un morceau de pain
Sans son, son, son, son, son…

Allons dans nos lits ▪ CD 19 ▪ p. 21

Dans son livre *Le cheval d'Orgueil* [7], Pierre-Jakez Hélias consacre de nombreuses pages à son grand-père, humble paysan. Celui qui savait lire mais ne lisait jamais, qui comptait plus vite avec la tête qu'avec un papier et un crayon, lui a laissé en héritage beaucoup de sagesse et nombre de *rimailleries*. Recherchant celle qu'il entendait pour s'endormir, il a retrouvé *Allons dans nos lits*. Une mélodie est arrivée jusqu'à nous. Espérons qu'elle puisse circuler longtemps.

Il n'est pas facile de garder le petit doigt plié pour représenter le trou de la marmite. Mais le jeu en vaut la chandelle.

6. Peut-être le rat *(la retote)* et la queue *(la couettote)*.
7. Plon, 1975 et 2001.

Comme le feu qui s'éteint, les doigts qui se referment doucement sont une belle invitation au sommeil.

Une forme anglaise, à dire avant d'aller dormir, ne présente que trois personnages. Pas de jeu de doigts donc, mais une notable proximité d'inspiration :

Come, let's go to bed
Said Sleepy Head
Tarry a while said Slow
Put on the pan
Said Greedy Nan
We'll sup before we go

Le jardin, le trottoir ▪ CD 20 ▪ p. 22

Les jeux de découverte du visage sont réservés aux tout-petits dont nous sommes proches et complices. Ils reposent sur une confiance et une intimité indispensables. Comme les autres jeux, et plus encore peut-être, ils exigent l'accord total et la participation de l'enfant. La formulette fait découvrir la tête et toutes les parties du visage qui trouvent une fonction dans une petite histoire. L'intérieur de la bouche est un grand four qui reste fermé. Le ventre est un tambour sur lequel les bras-baguettes vont jouer avec la complicité de l'adulte.

Nez cancan ▪ CD 21 ▪ p. 23

Parmi les plus anciens et les plus connus des jeux de découverte du visage, cette formulette est aussi très poétique. Au milieu du visage, on commence par le nez puis l'exploration continue : la bouche, le menton, pour remonter vers les yeux et le front.
D'autres versions commencent par le menton. En tout cas, toutes trouvent leur conclusion sur le front. Au Québec, *Toc toc maillet* se dit *Toc toc la mailloche* !

Pomme de reinette et pomme d'api
CD 22 ▪ p. 24

Avant de frapper leurs propres poings, l'un au-dessus de l'autre, en alternant et en gardant le rythme, les enfants jouaient à deux. À la fin de la chanson, celui qui tapait le dernier sur le poing de l'autre avait gagné. Utilisée comme comptine, cette chanson peut aussi servir à éliminer avant un jeu. Les enfants présentent leurs poings fermés au meneur de jeu. Chaque poing frappé à la fin de la chanson disparaît. Le propriétaire du dernier poing en jeu a gagné ! Une même forme peut avoir de multiples fonctions.
Mais aujourd'hui, *Pomme de reinette* avec le final *Cache ton poing derrière ton dos ou j'te donne un coup d'marteau !* se chante surtout avec les petits, qui aiment le moment où les poings disparaissent dans le dos, avant de revenir frapper une dernière fois. Le pouvoir d'anticipation des jeunes enfants se développe avec la répétition de ces expériences.

Le mur se bâtit ▪ CD 23 ▪ p. 25

Cette petite chanson permet de jouer à cache-cache avec un ou plusieurs enfants. Elle peut en effet être proposée à un petit groupe. La construction du mur, pierre après pierre, avec des gestes précis des deux mains, doit respecter scrupuleusement le rythme. À la fin de la chanson, le mur est fini. Les mains de l'adulte doivent être exactement devant son visage. Il est amusant de jouer sur la durée du *Aaaah !* avant d'écarter brusquement les mains pour la réapparition : *Le voilà !* La précision et la régularité de la construction augmentent l'intérêt du jeu de cache-cache. Le plaisir de la surprise est renforcé par les variations autour de formes stables par ailleurs. Ce qui se répète n'est jamais vraiment pareil.

Dans mon jardin y'a un bassin ▪ CD 24 ▪ p. 26

La délimitation quasi géographique du jardin (le tour de la main), du bassin (la paume de la main) pose le décor. Tout est prêt pour le geste vif et bref qui signale l'arrivée d'une petite bête dans le bassin, au creux de la main. Après la surprise qu'elle a provoquée, la petite bête peut remonter tranquillement le long du bras pour faire rire. C'est la répétition qui fait tout le charme de ce jeu. La découverte du corps, les sensations variées que le jeu organise créent une remarquable complicité entre l'enfant et l'adulte. À l'évidence, ces jeux sont faits pour être répétés inlassablement.

Je fais le tour de mon jardin ▪ CD 25 ▪ p. 27

On habite son corps comme on habite une maison. Cette formulette joue sur la métaphore et fait du visage de l'enfant l'équivalent d'une maison. Ses yeux sont comme des fenêtres (de nombreuses variantes proposent *Je ferme mes volets*). L'enfant a salué son entourage : Papi, Mamie. Et, une fois la clé tournée, le voilà en sécurité !

Je secoue ma p'tite paillasse ▪ CD 26 ▪ p. 28

La main de l'enfant devient un lit sommaire dans lequel loge une petite souris. Cette forme chantée commence comme le jeu traditionnel *Main morte, main morte, frappe à la porte*. L'enfant abandonne sa main à l'adulte qui la secoue doucement. Dans *Main morte*, il la dirige ensuite jusqu'à sa joue (ou celle de l'adulte !) à laquelle elle donne une petite tape. Pas de tape ici et c'est tant mieux. L'histoire continue dans la main qui est caressée et chatouillée. Le jeu prend fin après une remontée joyeuse le long du bras.

Un gros chat gris dormait ▪ CD 27 ▪ p. 29

Le jeu du chat et de la souris est mis en scène par les deux mains. Une main mime le chat, les doigts de l'autre les cinq souris. Elles seront prises. Avec deux joueurs, cette formulette peut aussi se transformer en jeu d'attrape.

Au cluguet, tiroluret ▪ CD 28 ▪ p. 30

Voici un jeu d'attrape. La chanson est rythmée par des frappés de l'index dans la paume d'un autre joueur. Sur *dé!* la main frappée tente de se refermer sur l'index qui essaie de se dérober. Rien n'est joué d'avance ! Les rôles peuvent alterner. Le rire est garanti.

Bats la pâte • CD 29 ▪ p. 31

Ce jeu québécois est influencé par des formes anglaises (*Bake a cake*). Il est très particulier, car il combine deux actions. C'est à la fois une sauteuse (car l'enfant est sur les genoux de l'adulte) et un jeu de mains. Outre son rythme très enlevé et la régularité de la scansion, ces caractéristiques en font tout l'intérêt.
Quatre mouvements se succèdent : un battement des mains, un frottement, un tapotement puis, sur la dernière phrase, un saut sur les genoux.

Un petit poisson est passé par ici ▪ CD 30 ▪ p. 32

Voici une nouvelle formulette de découverte de la main et de désignation des doigts à travers une histoire. Elle diffère pourtant des précédentes car le mouvement, plus que le toucher, y est valorisé. Grâce à l'image finale des arêtes et aux doigts écartés qui y sont associés, ce jeu est souvent repris par les enfants eux-mêmes.

Monsieur poisson se promène ▪ CD 31 ▪ p. 33

Il s'agit ici de mimer le poisson d'une main, et de l'autre main, la petite bulle qui monte encore et encore, jusqu'à ce qu'elle éclate. C'est une fois de plus un jeu sur la surprise, l'anticipation de la surprise et le plaisir qui en découle.

Vole vole vole papillon ▪ CD 32 ▪ p. 34

Dès les premiers mois, les bébés apprécient de voir nos mains se déplacer dans l'espace avec légèreté, monter, descendre, en suivant le rythme de la chansonnette.
C'est un exercice difficile que de croiser les mains, pouces réunis, pour évoquer le vol du papillon. Il faudra donc laisser du temps aux enfants pour reproduire ces gestes spontanément. Ils se contentent souvent de remuer les mains et ce mouvement libre mérite toute notre attention.
Une version créole circule depuis quelques décennies en métropole. *Papiyon volé, sé volé nou ka volé.* Elle n'était pas destinée aux enfants, servant plutôt d'intermède à des chansons entre adultes. Aujourd'hui, on la chante aussi aux petits.

Papillon, vole vole ▪ CD 33 ▪ p. 35

Le papillon de cette version fait preuve d'une grande vitalité. Il s'agit en fait d'une danse bretonne réinventée à l'usage des plus petits, pour le plaisir d'une mélodie inhabituelle dans ce répertoire et d'un rythme entraînant. Rien n'empêche de la chanter avec la gestuelle du papillon ou de danser sur cet air avec les enfants.

Un crabe méfie-toi ▪ CD 34 ▪ p. 36

D'où vient-il ce petit crabe ? De quels rivages ? Il est bien vivant en tout cas et se transforme spontanément en jeu d'attrape.

Guéri, guéra ▪ CD 35 ▪ p. 37

Formulette de circonstance, *Guéri, guéra* est aussi une formule magique qui a fait ses preuves depuis plusieurs générations. Elle est idéale pour consoler un petit qui s'est cogné et s'est fait un peu mal. Le respect de la rythmique et le ton incantatoire sont essentiels à la réussite de l'opération. Voilà qui remplace très avantageusement le *c'est rien* si souvent prononcé.

Toc toc toc Tortue . CD 36 . p. 38

La lenteur de la tortue caractérise cette comptine souvent entendue dans les crèches. Elle y est parfois mise en scène avec un gant-marionnette en forme de tortue. Pourquoi pas ? C'est ici le son T qui est à l'honneur.

Petit escargot porte sur son dos . CD 37 . p. 39

Dans la tradition, les formulettes qui accompagnent la découverte de la nature étaient nombreuses ; beaucoup ont disparu avec les animaux eux-mêmes.
C'est le cas du hanneton :

Hanneton vole vole
Hanneton, vol' vol' donc...

Mais l'escargot reste bien présent et donc connu des enfants. Le secret de sa coquille, cette maison sur le dos dans laquelle il se cache, fascine les petits depuis toujours.

Pouces cachés . CD 38 . p. 40

Monsieur et Madame Pouce sont exigeants. Ils demandent et développent coordination, dextérité. Ils amusent aussi. Longue vie à Monsieur et Madame.

Petits pouces ont peur du loup . CD 39 . p. 41

Il y a deux façons de faire vivre cette petite scène, dans laquelle on joue à se faire peur. En miniature, les pouces se rapprochent du visage au moment où le loup arrive et vont se cacher dans les poings. Avec une gestuelle plus large, pouces en l'air, les bras se sont écartés pendant la promenade et reviennent brusquement se croiser à l'arrivée du loup. Puis les mains se cachent derrière le dos. Il faut choisir sa version : dans tous les cas, les enfants ont besoin de la répétition, surtout quand ils jouent avec la peur.

Marie et Pierrot . CD 40 . p. 42

Avec Marie et Pierrot, les mains du narrateur rythment un véritable récit avec des rebondissements et du suspense ! Il faut s'entraîner, bien sûr ! Le travail du tempo est particulièrement intéressant : tranquillité de la promenade pendant toute la première partie. Puis, arrêt marquant la stupeur. L'accélération du tempo de la dernière partie, qui illustre la fuite, est réjouissante. Quelle émotion ! Heureusement tout est bien qui finit bien.

Le monde qui bouge . CD 41 . p. 44

Cette chanson peut tout à fait être utilisée comme une berceuse. En harmonie avec le texte, la mélodie invite au sommeil. La gestuelle proposée lui donne une autre fonction. L'enfant peut imiter les gestes s'il le souhaite. Les mains remuent, puis se réunissent et se croisent. Elles évoquent enfin un berceau que l'on balance au rythme du chant. Bonne nuit !

Bonjour petit pigeon blanc . CD 42 . p. 45

Cette fois la main mime un pigeon, un doux pigeon blanc qui va manger dans le creux de la main retournée, puis s'envoler. La richesse et la poésie de toutes ces formulettes à jouer dans la main sont toujours un émerveillement. Fröbel[8], pionnier de la pédagogie active, avait bien compris leur importance dans la formation des enfants et dans leur relation à la mère. Il publie *Les Chants de la mère* en 1844. Parmi cinquante chansons, se trouve *Le Pigeonnier*. Dans ce jeu de doigts chanté, les deux mains fermées sont le pigeonnier. Les pigeons s'envolent et reviennent en sécurité dans leur abri. Comme l'enfant qui, sûr de l'amour de sa mère, va progressivement apprendre à s'éloigner d'elle pour devenir grand.

8. Friedrich Fröbel (1782-1852), l'inventeur du « jardin d'enfants », s'intéresse aux formulettes de la première enfance, jeux de mains et chansons. Il en crée lui même.

Dans la collection *Les p'tits lascars*

Les canons et comptines | 3-7 ans

*Pour se familiariser avec les canons
et redécouvrir le plaisir de chanter ensemble.*
À l'école ou en famille, en voiture ou en colo,
voici un livre-disque pour chanter à plusieurs.
15 canons et 14 chansons faciles à retenir,
mêlant des grands classiques à des chansons d'aujourd'hui.

Les premières comptines | 0-3 ans

*Pour initier les plus petits à la musique
et au plaisir de chanter dès le plus jeune âge.*
33 comptines, chansons, berceuses et formulettes :
la formule idéale pour une première initiation à la musique.

Les plus belles comptines de notre enfance | 3-6 ans

*Pour retrouver le doux parfum de l'enfance
avec ces classiques enregistrés il y a 25 ans.*
Les comptines préférées des années maternelle,
enregistrées par des enfants et leur maîtresse,
accompagnés à la flûte et à la guitare.

Retrouvez sur **www.didierjeunesse.com** des minifilms de parents avec leurs enfants mimant les jeux de doigts : **http://www.didierjeunesse.com/bonus/jeux-de-doigts**